Peter Ekberg • Sven Nordqvist

Kann ich wissen, was ich weiß?

Ein Inspirationsbuch für junge Philosophen

Aus dem Schwedischen von Dagmar Lendt

Verlag Friedrich Oetinger • Hamburg

Gewidmet Leo und Althea, meinen jungen Philosophen

Mit Dank an Maria Sundin, Kent Gustavsson,

Jan Lif, Jeanna Eklund, Rod Bengtsson und Sven Nordqvist

© Verlag Friedrich Oetinger GmbH, Hamburg 2010

Alle Rechte für die deutschsprachige Ausgabe vorbehalten

Die schwedische Originalausgabe erschien 2009 bei Bonnier Carlsen Bokförlag, Stockholm

    unter dem Titel »Tänk Själv! En inspirationsbok för unga filosofer«

Text © Peter Ekberg

Illustration © Sven Nordqvist

Deutsch von Dagmar Lendt

Printed in Hongkong 2010

ISBN 978-3-7891-8436-9

www.oetinger.de

Inhalt

Man kann immer noch eine Frage mehr stellen

Die Superstars der Philosophie   12

Wissbegierige Philosophen   12

Reicht Denken wirklich aus,
   um weise zu werden?   16

Denke und verändere die Welt   17

Denke richtig mit Vernunft   19

Philosophische Argumentation   20

Verstehen, wie wenig man versteht   21

Wie viele Streifen hat ein Gedankentiger?

Sich Dinge vorstellen   26

Ist alles ein Traum?   26

Die Bedeutung der Wörter   29

Geräusche und Gekritzel   29

Was ist mit »Güte« gemeint?   31

Ist die Erde geformt wie eine Torte?

Glaube und Wahrheit   36

Sinne und Erinnerung   38

Bist du dir sicher?   40

Der kleine und der große Zweifel   40

Ist der Rasen wirklich grün?   42

Eine Welt voller Geräusche?   44

Was ist Zeit?   46

Drei Zeiten   46

Kann es richtig sein, zu stehlen?

Die moralische Vernunft   52

Notlügen   53

Darf Robin Hood stehlen?   55

Unterschiedliche Kulturen   56

Innere Moralgesetze   58

Was kann man mit einer gedachten Apfelsine nicht tun?

Kann eine Kuh Philosoph werden?   64

Der grenzenlose Mensch   65

Das menschliche Bewusstsein   67

Was kann man mit einer
   gedachten Apfelsine nicht tun?   68

Wo ist die Apfelsine?   71

Gehirn + Bewusstsein = ?   73

Man kann immer
noch eine Frage mehr stellen

Bist du neugierig? Wunderst du dich über die Welt? Fragst du dich, wie es kommt, dass die Sterne über unseren Köpfen funkeln? Fragst du dich, was Glück ist, warum es gerade dich gibt, ob es immer falsch ist, zu lügen, oder wie man wissen kann, dass die Erde eine Kugel ist? Wenn du dir irgendwann einmal solche Gedanken gemacht hast, dann hast du *philoso-phiert*. Du hast dir Fragen über dich und die Welt gestellt.

In diesem Buch wirst du auf noch mehr spannende philo-sophische Fragen stoßen, und du wirst merken, dass es sehr nützlich ist und großen Spaß macht, selbst wie ein Philosoph zu denken.

Die Superstars der Philosophie

Die Philosophie ist vor mehr als zweitausend Jahren im antiken Griechenland entstanden. Damals begannen einige scharfsinnige Menschen, sich tiefgründige Fragen über sich selbst und die Welt zu stellen. Dies sind die Namen einiger der bekanntesten Philosophen: Sokrates, Platon, Aristoteles, Descartes, Locke, Berkeley, Kant, Wittgenstein, Russell … Hast du diese Namen schon einmal gehört? Wahrscheinlich nicht alle, aber vielleicht die ersten drei. Sokrates, Platon und Aristoteles sind nämlich die drei ersten Superstars der Philosophie. Sie lebten alle in der Antike.

Ganz ohne weibliche Philosophen ist die Weltgeschichte nicht geblieben. Bekannte Philosophinnen waren zum Beispiel Mary Wollstonecraft, Simone de Beauvoir und Hannah Arendt.

Heute ist es ganz selbstverständlich, dass sich sowohl Frauen als auch Männer mit philosophischen Fragen beschäftigen.

Das Wort »Philosophie« bedeutet so etwas wie »Liebe zur Weisheit«. Ein Philosoph ist jemand, der es liebt, weise zu sein. Aber was bedeutet das eigentlich: weise sein? Denk eine Weile darüber nach, bevor du weiterliest.

Wissbegierige Philosophen

Man könnte sagen, dass jemand weise ist, der *sehr viel versteht*, und Philosophen interessieren sich für fast alles auf dieser Welt. Liebe, Gesellschaft, Natur, die Wirklichkeit und wie wir unser Leben am besten leben sollten.

Sie haben versucht (und versuchen es immer noch), die Dinge zu verstehen, indem sie sie genau durchdenken. Philosophen nehmen selten etwas als gegeben hin.

Zu allen Zeiten sind bestimmte grundlegende philosophische Fragen immer wieder aufgetaucht. Auf den nächsten Seiten findest du ein paar Beispiele für solche Fragen.

Fragen stellt man entweder, weil man keine Antwort hat oder weil man mit den vorhandenen Antworten nicht zufrieden ist. Man fragt, weil man wissen will, wie etwas wirklich ist!

Weil Philosophen fast nie mit einer Antwort zufrieden sind, haben sie einen nützlichen Grundsatz für die ganze Fragerei geschaffen: »Man kann immer noch eine Frage mehr stellen!« Das heißt, dass man immer noch ein bisschen weiter denken kann, um besser zu verstehen. Und genau das werden wir jetzt tun.

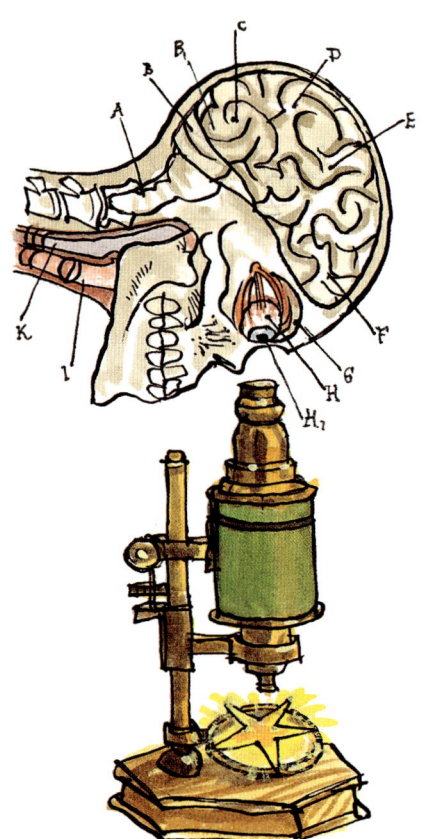

Warum?

Reicht Denken wirklich aus, um weise zu werden?

Wenn man wissen will, was ein Stern am Himmel eigentlich ist oder wie der menschliche Körper funktioniert, reicht Philosophie nicht aus. Um das herauszufinden, muss man zu anderen Mitteln greifen, zum Beispiel einem Mikroskop oder einem Teleskop. Aber mit Denken kann man richtig weit kommen.

In der Antike hielt man das Denken für etwas unerhört Kraftvolles, ungefähr wie eine Naturgewalt, wie ein Erdbeben oder ein Vulkanausbruch. Erdbeben und Vulkanausbrüche können ja die Landschaft, die ganze Welt verändern.

Denke und verändere die Welt

Im Grunde kann auch das Denken die Welt verändern. Denk mal an all das, was dich umgibt: dein Bett, ein Stuhl, ein Tisch, ein Auto, Autobahnen.

Und denk an die Stadt mit all den verschiedenen Häusern und den Geschäften voller Waren; denk an die Musik und die Kunst und die Pyramiden in Ägypten und den Eiffelturm in Paris. Wie ist all das entstanden?

Na, durch Gedanken natürlich! Wir Menschen haben uns eine Menge Sachen ausgedacht, die wir brauchen, zum Beispiel einen Stuhl, um darauf zu sitzen. Und dann haben wir den Stuhl gebaut. Begonnen hat also alles, was wir geschaffen

Vielleicht hast gerade du eines Tages eine Idee, die die Welt verändert?

haben, die ganze Kultur, als Gedanken im Kopf von Menschen. Fantastisch, finde ich.

Denken kann die Welt verändern. Aber Philosophen denken nicht einfach irgendwie. Man kann verkehrt denken, manchmal *schlecht denken*, und das ist dann keine *Weisheit*. Um Weisheit zu erreichen, müssen wir geradeaus und richtig denken, klar und deutlich. Philosophen halten sich an zwei Dinge, wenn sie philosophieren: *Vernunft* und *Argumente*.

Denke richtig mit Vernunft

Die *Vernunft* ist etwas, was wir Menschen besitzen, damit wir entscheiden können, was richtig oder falsch, wahr oder unwahr ist. Die Vernunft hilft uns, herauszufinden, was die beste Antwort zu sein scheint, sowohl wenn es um Moralfragen geht wie zum Beispiel »Ist es falsch, zu lügen?« als auch bei Wissensfragen wie »Ist die Erde eine Kugel oder eine Scheibe?«.

Weiter hinten im Buch wirst du mehr darüber lesen, was mit Moral und Wissen gemeint ist! Die Vernunft ist etwas sehr Grundlegendes bei uns Menschen, sie hilft uns, gut, geradeaus und richtig zu denken und die beste Erklärung für unsere Fragen und Probleme zu finden.

Nehmen wir ein paar alltägliche Beispiele, dann wirst du verstehen, was ich meine:

Wenn du etwas suchst und es nicht findest, zum Beispiel deine Schlüssel, dann wirst du bestimmt nicht denken, dass wer weiß was passiert ist.

Du denkst nicht, dass ein Ufo die Schlüssel entführt hat, sondern du gebrauchst deine Vernunft. Du bleibst stehen und überlegst eine Weile, und plötzlich fällt dir ein, wo das Gesuchte ist.

Du kommst zu einer guten Erklärung, einer möglichen Lösung. Die Schlüssel müssen irgendwo auf dem Schulweg liegen!

Ein anderes Beispiel, das erklärt, wie die Vernunft uns auf den richtigen Weg bringt, ist dies: Du weißt, dass das Gesuchte *entweder* im Flur *oder* auf dem Küchentisch liegt.

Wenn du rasch im Flur nachsiehst und es nicht findest, weißt du automatisch, dass es auf dem Küchentisch liegt. Schlau! Alles dank der Vernunft.

Philosophische Argumentation

Philosophen benutzen auch *Argumente*, wenn sie denken und philosophieren. Argumente gebrauchen wir Menschen normalerweise im Überfluss, wenn wir miteinander reden.

Wenn du mit einem Freund über etwas redest, worüber ihr verschiedener Meinung seid, dann verwendet ihr Argumente; entweder um Mängel in den Ideen des anderen aufzuzeigen oder um die eigene Ansicht zu stärken.

Wenn unsere Politiker argumentieren, sprechen sie für oder gegen eine bestimmte Sache, beispielsweise Schulzeugnisse. Ein Argument zeigt die Vorteile von Schulzeugnissen und ein anderes Argument die Nachteile.

Durch philosophische Argumentation versucht man herauszufinden, was wahr und richtig ist! Sokrates liebte Diskussionen und Debatten und er war ein sehr neugieriger Mensch. Er glaubte, dass man zu wahren und stichhaltigen Antworten kommt, indem man Fragen stellt und sie beantwortet. Aber um zur Wahrheit vorzudringen, braucht man Geduld, Offenheit und Ehrlichkeit.

Philosophen sind offen für vernünftige Argumente, und sie pflegen zu sagen, dass das *beste Argument* gewinnt. Daher ändern Philosophen auch gerne ihre Meinung, wenn

jemand einen besseren Vorschlag hat. Wir sind bereit, neue Dinge zu lernen und auf eine andere Art zu denken, wenn unser Gesprächspartner bei einer bestimmten Frage ein besseres Argument vorbringt.

Für einen Philosophen ist es nicht wichtig, *wer* recht hat, sondern *was* richtig ist! Ein guter Philosoph lässt also seine Idee kritisieren. Außerdem sollten wir uns bei einer philosophischen Argumentation Mühe geben, nur wahre Sachen zu sagen und nicht zu lügen.

Vielleicht denkst du daran, wenn du das nächste Mal mit einem Freund streitest.

Verstehen, wie wenig man versteht

Wir haben ja gesagt, dass derjenige weise ist, der sehr viel versteht. Aber ein erster Schritt auf dem Weg zur Erkenntnis könnte sein, dass man einsieht, wie *wenig* man von einer bestimmten Sache weiß. Das war zumindest Sokrates' Standpunkt.

Sokrates war von vielen jungen Menschen umgeben, die ihm folgten und ihm zuhörten und sich mit ihm unterhielten. Er war meist am Sportplatz zu finden, wo er sich dafür einsetzte, dass man nicht nur den Körper trainieren soll, sondern auch den Geist und das Denken.

Man kann sich vorstellen, wie erstaunt Sokrates war, als er hörte, dass das Orakel von Delphi gesagt hatte, niemand sei weiser als Sokrates. Er fühlte sich überhaupt nicht weise. Er stellte nur eine Menge Fragen!

Sokrates wollte zeigen, dass das Orakel sich irrte, also ging er zu einer Reihe von Leuten, die sich auf verschiedenen Gebieten auskannten, Politiker, Schriftsteller und Handwerker.

Aber nachdem er mit ihnen gesprochen hatte, dachte er bei sich: »Anscheinend weiß keiner von uns etwas wirklich Wertvolles, aber sie glauben, sie wissen es, und wissen es doch nicht, während ich es weder weiß noch mir einbilde, dass ich es weiß.«

Sokrates erkannte, dass er vielleicht doch der Weiseste war, gerade wegen seiner hartnäckigen Fragerei. »Ich weiß, dass ich nichts weiß«, sagte er.

Er lief nicht herum und bildete sich ein, unheimlich gut über Sachen Bescheid zu wissen, von denen er eigentlich nichts verstand.

20

**Wie viele Streifen
hat ein Gedankentiger?**

Stell dir vor, wie schwierig es wäre, ohne Sprache zu leben. Keiner würde dich richtig verstehen. Du könntest nicht einmal ordentlich denken, denn viele unserer Gedanken kommen in sprachlicher Form daher, als gedachte Worte.

Andere Gedanken kommen, wie du weißt, in Bildform. Du denkst vielleicht daran, was du in den letzten Sommerferien gemacht hast, oder du überlegst, welches der kürzeste Weg zur Schule ist. In diesen Fällen hast du weder die Worte »die letzten Sommerferien« noch »der kürzeste Schulweg« vor Augen und trotzdem kannst du daran denken! Du siehst ein Bild vor dir.

Das ist eine fantastische Fähigkeit, um verschiedene Sachen auf diese Art anschaulich zu machen. Dein Gehör kann so etwas auch.

Denk daran, wie einfach es für dich ist, dir ein Musikstück vorzustellen, das du gut kennst. Dann hörst du sozusagen die Musik, obwohl gar kein Radio oder CD-Player eingeschaltet ist.

Ich hab gerade die Pyramiden mitgebaut.

Sich Dinge vorstellen

Aber viele Philosophen sind nicht zufrieden mit dem Begriff »Bildform«, wenn es um bildhafte Gedanken geht.

Wenn du dir beispielsweise einen Tiger vorstellst, kannst du nicht genau sagen, wie viele Streifen er hat (es sei denn, du bestimmst von vornherein, dass er genau drei Streifen haben soll).

Bei einem Foto, einem echten Bild von einem Tiger, kannst du ganz einfach zählen, wie viele Streifen er hat.

Wie es möglich ist, dass man sich Dinge vorstellen kann, die im Moment gar nicht da sind – das ist eine Frage, mit der sich Philosophen heutzutage beschäftigen, zusammen mit anderen Leuten, die herauszufinden versuchen, wie die Welt und der Mensch funktionieren.

Ist alles ein Traum?

Wir können an etwas denken, was wir nicht vor Augen (oder im Ohr) haben. In der Nacht, wenn du schläfst, passiert etwas Ähnliches. Denk nur einmal daran, welche merkwürdigen Sachen im Traum »passieren«, die du sozusagen siehst, obwohl du in einem dunklen Zimmer im Bett liegst und die Augen geschlossen hast.

Der französische Philosoph René Descartes hat darüber nachgedacht, als er eines Tages an seinem Schreibtisch saß und neben ihm ein Feuer im Kamin brannte.

»Es ist vorgekommen«, dachte Descartes, »dass ich geträumt habe, ich sitze genau hier und schreibe und neben mir

brennt ein Feuer im Kamin, obwohl ich in meinem Bett liege und schlafe. Woher weiß ich, dass ich nicht die ganze Zeit träume?«

Das ist eine schwierige Frage, die Descartes sich da gestellt hat. Was würdest du darauf antworten?

Wenn man eine Weile darüber nachdenkt und seine Vernunft gebraucht, wird man erkennen, dass tatsächlich meistens ein großer Unterschied zwischen Traum und Wirklichkeit besteht.

Träume sind vage und unklar, während die Wirklichkeit klar und deutlich ist. Im Traum huschen Orte und Menschen vorbei, das eigene Zuhause ist vielleicht plötzlich in Afrika, und einen Moment später liegt es dann hinter einem Wasserfall, zu dem man hinfliegen muss.

In Wirklichkeit befindet sich das eigene Zuhause jeden Tag an derselben Stelle, zu der hin man geht oder mit dem Rad oder mit dem Auto fährt. Den meisten von uns ist auch bewusst, dass im Traum nicht alle Sinne beteiligt sind.

Vielleicht träumst du überwiegend Bilder, das sieht dann ähnlich aus wie ein Film. Vielleicht hörst du auch Geräusche, aber schmeckst und riechst du etwas? Kannst du im Traum Schmerzen spüren?

Es spricht also das meiste für die Schlussfolgerung: Wir träumen nicht die ganze Zeit, sondern pendeln zwischen Traum und Wachzustand.

Aber das philosophisch Interessante ist, wie man eine solche Frage *behandelt*, wie Descartes sie stellte. Statt die Frage beispielsweise als unsinnig oder schwierig zu verwerfen oder (noch schlimmer) ohne Weiteres anzunehmen, dass alles ein Traum ist, muss man *argumentieren* und sehen, was dafür und was dagegen spricht.

Auf diese Weise können wir zu einer Schlussfolgerung kommen.

Descartes interessierte sich für fast alles, was mit Wissenschaft und Philosophie zusammenhängt. Er beschäftigte sich unter anderem mit Astronomie (Weltraumforschung) und Mathematik, und er fragte sich, was das menschliche Bewusstsein ist.

Descartes stellte sich vor, dass die Vernunft wie eine Art Sonne funktioniert. Genau wie die Sonne alle Dinge auf der Welt beleuchtet, kann das Licht der Vernunft alle Bereiche des Wissens erhellen, sodass wir uns selbst und das Dasein besser verstehen.

Die Bedeutung der Wörter

Sprache ist wichtig für Philosophen. Natürlich nützt die Sprache allen Menschen, aber Philosophen verwenden etwas, das sie *Begriffsanalyse* nennen, um philosophische Probleme zu verstehen und zu untersuchen.

Das heißt, dass man Wörtern und Begriffen auf den Grund geht, um ihre genaue Bedeutung herauszufinden.

Andere Menschen finden Philosophen vielleicht ermüdend, wenn sie auf diese exakte Weise diskutieren. Aber für Philosophen ist es wichtig, dass wir uns vollkommen im Klaren darüber sind, *worüber* wir reden, wenn wir reden. Alles, um Missverständnisse zu vermeiden und um Ideen und Gedanken so klar und deutlich wie möglich zu machen.

Geräusche und Gekritzel

Welche Probleme bringt denn die Sprache, oder die Verwendung der Sprache, mit sich? Ein Problem ist, dass alles Geschriebene und Gesprochene erst gedeutet werden muss. Hast du schon mal daran gedacht, dass Texte gewissermaßen nur Schnörkel auf Papier sind? Wenn du einen Text liest oder jemanden etwas zu dir sagen hörst, geschieht etwas Fantastisches: Du *deutest* und *verstehst* das, was du liest oder hörst!

Wir sind so daran gewöhnt, auf diese Weise zu deuten und zu verstehen, dass wir gar nicht darüber nachdenken. Aus den Schnörkeln der Texte und aus den Geräuschen, die die Stimme deines Freundes macht, entsteht bei dir Verständnis.

Aber es ist nicht ganz einfach, richtig zu deuten und zu verstehen! Wörter können beispielsweise mehrdeutig und vage sein. »Mehrdeutig« heißt, dass man dasselbe Wort auf verschiedene Arten lesen kann und dass es dann ganz unterschiedliche Bedeutungen bekommt.

Der König erschien mit einer Krone.
Alle werden von jemandem geliebt.
Gäste sind nicht gekommen.

Der erste Satz kann entweder bedeuten, dass der König eine Königskrone auf dem Kopf oder ein schwedisches Geldstück in der Tasche hatte. Oder, wenn er ein etwas schrulliger Monarch ist, dass er eine Baumkrone trug …

Der zweite Satz bedeutet entweder, dass jeder Mensch von einem anderen geliebt wird (und zwar alle von unterschiedlichen Personen), aber er kann auch bedeuten, dass es einen einzigen Menschen gibt, der alle anderen Menschen liebt.

Der dritte Satz ist mehrdeutig, weil man ihn so verstehen kann, dass überhaupt niemand zu dem Fest gekommen ist. Man kann ihn allerdings auch so lesen, dass viele Leute zu dem Fest gekommen sind, nur keine eingeladenen Gäste.

Wörter können auch *vage* sein. Die Sprache ist voll von vagen Wörtern. Wie frisch ist eigentlich »frische Luft«? Dürfen überhaupt keine gefährlichen Stoffe in der Luft sein oder sind ein paar ganz wenige erlaubt? Wie viele einzelne Haare darf ein Mensch mit »dünnem Haar« haben, 50, 500, 1000

Ich liebe alle gleichermaßen.

oder mehr oder weniger? Das ist schwer zu sagen, und es ist schwer zu sagen, weil die Wörter vage sind.

Was ist mit »Güte« gemeint?

Sind die Wörter »Gerechtigkeit« und »Güte« vage? Was ist eigentlich mit »Gerechtigkeit« und »Güte« gemeint? Überleg einen Moment und schau, zu welchem Ergebnis du kommst.

Für Sokrates und Platon waren Gerechtigkeit und Güte keine vagen Begriffe. Aber es erforderte eine ganze Menge Philosophieren, um diese Wörter wirklich zu verstehen.

Einer der Gründe, warum Platon sich dachte, dass ein Philosoph an der Spitze des Staates stehen sollte und nicht ein König, Präsident oder Kanzler, war ebender, dass der Philosoph durch sein Denken und seine Vernunft ganz und gar verstanden hat, was mit Güte und Gerechtigkeit gemeint ist.

Was passiert, wenn das Oberhaupt einer Gemeinschaft den Inhalt dieser Wörter nicht versteht? Denk darüber nach oder sprich mit jemandem darüber!

Ist die Erde geformt wie eine Torte?

Wissen ist ein natürlicher Teil der Weisheit und das, was alle Untersuchungen zum Ziel haben. Philosophen streben nach Wissen. Aber was ist Wissen? Eigentlich bedeutet Wissen, dass man etwas *weiß*.

Du weißt, dass die Sonne jeden Morgen aufgeht, dass Stockholm die Hauptstadt von Schweden ist, dass Bäume im Herbst ihre Blätter verlieren, dass Sokrates eine historische Person war, dass dein Freund einen Witz, über den er lacht, lustig findet, dass sich die Erde um die Sonne dreht, dass du fröhlich oder traurig bist, dass es falsch ist, zu lügen, und wie es in dem Zimmer aussieht, in dem du gerade bist.

Aber was bedeutet es, dass du all das weißt? Für Philosophen muss das, was wir wissen, vor allen Dingen *wahr* sein, sonst wissen wir es nicht.

Früher glaubte man, die Erde sei eine dicke Scheibe, ungefähr so wie eine Torte; man fand, dass es gute Gründe dafür gab, das zu glauben, man hielt es für wahr. Wir sagen heute, dass die Menschen damals nicht wussten, dass die Erde eine Scheibe ist, sondern es nur glaubten (denn die Erde ist eine Kugel).

Heute gibt es vielleicht andere Dinge, von denen wir meinen, dass wir sie wissen, die aber nicht wahr sind.

Noch ein Beispiel: Du weißt, dass Stockholm die Hauptstadt von Schweden ist, das hast du *gelernt*. Aber wie kommt es, dass du das weißt und es nicht nur *glaubst*? Nun, weil es stimmt, Stockholm ist tatsächlich die Hauptstadt von Schweden. Du hast es gehört und in Büchern gelesen, dass es so ist.

Was du weißt, stimmt mit der Wirklichkeit überein, und du hast gute Gründe, es zu glauben. Für Philosophen ist erst das der Moment, wo wir wirklich von Wissen sprechen können.

Glaube und Wahrheit

Woher soll man wissen, ob alles, was man glaubt, wahr ist? Das ist wirklich nicht immer ganz leicht. Aber man kann sein Bestes tun, dafür zu sorgen, dass man *gute Gründe* für das hat, was man glaubt. Erinnerst du dich an Descartes' Frage:

»Ist alles ein Traum?« Als wir die Frage beantwortet haben, fanden wir keine guten Gründe dafür, zu glauben, dass alles ein Traum ist. In dem Fall ist es am besten, diese Idee ganz einfach aus deinem Weltbild zu streichen oder sie wenigstens nicht allzu ernst zu nehmen.

Ein Philosoph versucht *aktiv*, die Wahrheit zu finden und daran zu glauben, und er versucht zu *vermeiden*, an etwas zu glauben, was unwahr ist! Man soll vernünftige Gründe dafür zusammentragen, warum man etwas glaubt. Aus den guten Gründen kann man dann eine Argumentation und ein ganzes Weltbild aufbauen.

Woher kommt denn all unser Wissen? Wir Menschen haben mehrere Quellen dafür. Willst du probieren, ob dir welche einfallen, bevor du weiterliest?

Jetzt habe ich 137 Stellen gefunden, wo steht, dass Stockholm die Hauptstadt von Schweden ist, und keine, wo steht, dass es nicht so ist, also bin ich mir langsam sicher.

Sinne und Erinnerung

In erster Linie haben wir unsere *Sinne*: das Sehen, das Hören, das Schmecken, das Tasten und das Riechen. Diese Sinne gebrauchst du, um festzustellen, wie deine Umgebung in diesem Moment ist. Aber wir haben auch Zugang zur *Erinnerung*.

Die Erinnerung benutzt du, wenn du an Sachen denkst, die passiert sind, aber das Erinnerte mischt sich auch mit den Sinneseindrücken. Wenn du einen Baum siehst und weißt, dass es eine Birke ist, dann benutzt du sowohl deine Sinne als auch deine Erinnerung daran, wie Birken aussehen.

Wir haben auch Zugang zu dem, was andere *Menschen* in wissenschaftlichen Berichten, im Fernsehen, in Zeitungen und im Internet gesagt haben.

Wie viel von dem, was du weißt, beruht auf dem, was andere Menschen gesagt haben?

Wir können auch *in uns selbst hineinsehen* und wissen, was wir meinen und denken. »Ich bin müde«, »Das wird toll, am Wochenende reiten zu gehen«.

Die *Vernunft* ist eine Wissensquelle, über die wir schon gesprochen haben. Mithilfe der Vernunft können wir unter anderem neue Dinge aus Tatsachen erfahren, die wir bereits wussten. Lass uns ein Experiment machen. Wenn du zum Beispiel die folgenden zwei Sachen weißt: dass alle Philosophen Menschen sind und dass Sokrates ein Philosoph war, dann weißt du noch mehr, etwas Neues. Was denn?

Überlege dir eine Antwort, bevor du weiterliest …

Genau! Dass Sokrates ein Mensch war und kein Hund oder eine Katze.

Bist du dir sicher?

Wir haben viele Quellen für Wissen, wir haben unsere Vernunft und unsere Argumente. Aber Wissen ist trotzdem oft schwer fassbar und verzwickt. Manchmal kann es passieren, dass wir glauben, Wissen zu besitzen, das wir nicht haben.

Ist es wirklich sicher, dass die Sonne auch morgen wieder aufgeht, nur weil sie es bisher jeden Tag getan hat? Ist es sicher, dass es in jedem Fall falsch ist, zu lügen, und dass der Freund, der über den Witz gelacht hat, ihn wirklich lustig fand?

Von uns hier am Boden aus betrachtet ist die Erdoberfläche ganz gerade, dabei ist sie in Wirklichkeit gekrümmt. Man könnte leicht glauben, dass die Erde eine Scheibe ist, wenn die Wahrheit nicht anders aussähe und wir nicht den Beweis hätten, dass die Erde eine Kugel ist.

Der kleine und der große Zweifel

Man kann sagen, dass Philosophen dem Wissen gegenüber einen kleinen *Zweifel* hegen. »Woher weißt du das?« »Bist du dir sicher?« »Was meinst du eigentlich?« Solche Fragen würdest du in einer Diskussion mit einem Philosophen bestimmt zu hören bekommen. Descartes bezweifelte das meiste hier auf der Welt, aber das tat er, weil er sich dachte, wenn er einfach immer weiter zweifelte, würde er schließlich zu etwas kommen, woran er nicht mehr zweifeln konnte; etwas, das absolut wahr ist.

Nach viel Grübelei kam er zu dem Ergebnis, es sei absolut wahr, dass er selbst existierte. Descartes formulierte diese Erkenntnis in dem berühmten Satz: »Ich denke, also bin ich!«.

Wie kam es denn, dass Descartes überhaupt so sehr zu zweifeln begann? Einer der Gründe ist, dass unsere Sinne uns täuschen können! Warst du schon mal mit einem Ruderboot unterwegs? Dann hast du vielleicht gesehen, dass ein Paddel unter der Wasseroberfläche gebrochen erscheinen kann, obwohl es eigentlich völlig heil und gerade ist.

Du bist sicher auch schon mal durch den Wald gegangen und vor einer Schlange auf dem Weg zurückgezuckt, aber als du genauer hingeschaut hast, war es nur ein kleiner Ast. Vielleicht hast du auch ein Kaninchen im Gebüsch gesehen, das sich dann als Plastiktüte herausstellte?

Fällt dir eine Situation ein, in der deine Sinne dich getäuscht haben?

Ente oder Hase?

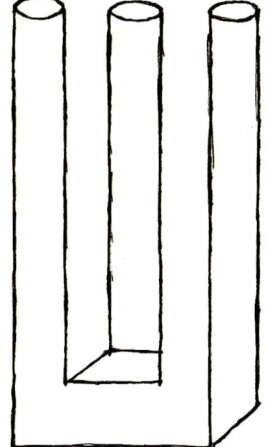

Zwei oder drei?

Alt oder jung?

Ist der Rasen wirklich grün?

Es ist nicht leicht zu erkennen, wie sehr unsere Sinne uns täuschen. Philosophen machen oft einen Unterschied zwischen der Welt an sich und der Welt, wie sie uns erscheint. Die Welt, wie wir sie durch unsere Sinne erleben, ist eine Sache, und die Welt, wie sie an sich ist, ist eine andere.

Wusstest du zum Beispiel, dass der Rasen vermutlich gar nicht wirklich grün ist, sondern nur grün aussieht, weil du eine bestimmte Art von Augen hast? Ebenso schmecken Sachen nur so, wie sie es tun, weil du eine bestimmte Art von Zunge hast.

Wir sind es ja auch gewohnt, dass die Dinge, Wasser zum Beispiel, eine bestimmte Temperatur haben. Wasser kann heiß, kalt oder lauwarm sein. Aber wenn du eine Hand in heißem Wasser aufwärmst und die andere in kaltem Wasser abkühlst und dann beide Hände gleichzeitg in lauwarmes Wasser hältst …

Was passiert dann? Probier es selbst aus!

Genau. Das Wasser erscheint der kalten Hand warm und der warmen Hand kalt. Aber Wasser kann doch wohl nicht kalt und warm zugleich sein?

Dahinten fällt ein Baum ganz lautlos. Merkwürdig …

Eine Welt voller Geräusche?

Hier kommt eine knifflige Frage, die du vielleicht schon einmal gehört hast: *Wenn im Wald ein Baum umfällt und niemand da ist, der es hört, macht der Baum dann ein Geräusch?*

Wir würden wohl alle »Ja, selbstverständlich« antworten. Aber ist es so selbstverständlich? Lass uns die Frage philosophisch untersuchen. Wir glauben, dass wir in einer Welt voller Geräusche leben, einer Welt voller brummender Motoren und Vogelgezwitscher. Wir glauben, dass es das Geräusch selbst gibt, bereit, gehört zu werden, wenn jemand in seine Nähe kommt. Aber die Wissenschaft und die Philosophie haben gezeigt, dass es ein langwieriger Prozess ist, etwas zu hören (und zu sehen). Nur merken wir nichts von diesem langwierigen Prozess, denn er geht wahnsinnig schnell! Wenn die Motoren brummen und die Vögel zwitschern und der Baum im Wald zu Boden fällt, bilden sich Schallwellen. Die Schallwellen gelangen ins Ohr und werden anschließend vom Gehirn bearbeitet, das am Ende einen Laut für dein Bewusstsein erzeugt. Dann erlebst du ein Geräusch. Das Geräusch eines Baums, der im Wald umstürzt, ist genau so ein Hörerlebnis.

Die richtige Antwort auf die Frage ist also wohl, dass kein Geräusch entsteht, wenn ein Baum im Wald umfällt und niemand dabei ist. Die Schallwellen sind da, aber damit ein Geräusch entsteht, werden ein Ohr und ein Gehirn benötigt.

Sie muss hier irgendwo sein.

Was ist Zeit?

Die Zeit ist auch etwas, das die Philosophen sehr interessiert. Wo ist eigentlich die Zeit? Was ist Zeit?

Du weißt, dass die Zeit meist schnell verfliegt, wenn man Spaß hat, und dahinkriecht, wenn man sich langweilt. Aber kann das sein? Die Zeit tickt doch wohl immer auf dieselbe Weise weiter? Einige Philosophen haben gesagt, dass die Zeit und unser Erleben vom Lauf der Zeit ganz allein von unserem Bewusstsein abhängen, genau wie die Farben von unseren Augen abhängen und die Geräusche von unseren Ohren.

Drei Zeiten

AUGUSTINUS

Augustinus hieß ein Philosoph, der vor eintausendfünfhundert Jahren lebte. Er hat viel über die Zeit nachgedacht. Er meinte, dass es drei Zeiten gibt, die an das Bewusstsein gekoppelt sind: Vergangenheit, Gegenwart und Zukunft.

»Wie können wir behaupten, dass es die Vergangenheit gibt, wenn sie nicht mehr da ist?«, fragte sich Augustinus, und seine Antwort darauf war, dass das, was wir Vergangenheit nennen, *die Erinnerung* an das Gewesene ist.

Augustinus' nächste Frage galt der Zukunft und wie etwas da sein kann, das noch nicht existiert. Er kam zu der Ant-

Warum geht es schneller, heimzufahren als wegzufahren?

44

wort, dass die Zukunft *die Erwartung* des Zukünftigen ist. Die Sonne ist bisher jeden Morgen aufgegangen, deshalb können wir uns ein Bild davon machen, dass sie auch morgen aufgehen wird. *Die Gegenwart*, meinte Augustinus, ist dasselbe wie die Sinneseindrücke dessen, was uns gerade jetzt umgibt.

Von diesen drei Zeiten existiert nur die Gegenwart wirklich, aber die Vergangenheit und die Zukunft sind durch die Erinnerung an das, was gewesen ist, und die Erwartung dessen, was kommen wird, lebendig und real für uns.

Augustinus' Gedanken über die Zeit gelten auf gewisse Weise heute immer noch. Heute wissen wir dank unserer modernen Hirnforschung, dass bei einem Menschen, der eine bestimmte Art von Hirnschaden erleidet, auch das Zeitbewusstsein gestört ist und dass er die Fähigkeit verliert, sich in der Zeit zu orientieren, besonders was Zukunft und Vergangenheit betrifft. Diese Art von Verletzung zeigt, wie wichtig das Zeitbewusstsein ist!

Wenn man eine Weile über die Sache nachdenkt, erkennt man, dass die Fähigkeit, sich zu erinnern und die Gedanken in die Zukunft zu richten, ungemein bedeutungsvoll für den Menschen und sein Verständnis der Welt ist.

Wie würde es beispielsweise sein, wenn du dich nicht erinnern könntest, was in deinem Leben passiert ist? Wie würde es sein, keine Pläne für die Zukunft machen zu können? Wer würdest du sein, wenn du dir unter Zeit nichts vorstellen könntest?

Kann es richtig sein, zu stehlen?

Wenn man nicht erwischt wird, macht es doch nichts.

Weißt du, was mit *moralischen* Fragen gemeint ist? Dass es als falsch gilt, zu lügen, weißt du sicher, ebenso, dass es falsch ist, zu stehlen. Aber warum ist das so? Warum denken wir uns, dass bestimmte Handlungen richtig sind und andere falsch? Warum sind manche Taten gut und andere schlecht? Einige Philosophen würden sagen, dass dies so ist, weil wir Menschen *moralische* Gesetze in uns tragen. Einfach gewisse *Regeln*, die uns helfen und unser Verhalten steuern, möglichst in eine gute Richtung.

Ich frage mich, warum es mich froh macht, Geld zu spenden ...

„Wen man liebt,
schlägt man",
hat er gesagt.
Kann es richtig
sein, so zu lieben?

KANT

Die moralische Vernunft

Im ersten Kapitel habe ich von der Vernunft erzählt und gesagt, dass die Vernunft uns Wissen über die Welt vermitteln kann, aber nicht nur über die Welt, sondern auch über die Moral.

Ein Philosoph namens Immanuel Kant dachte sich, dass der Mensch eine moralische Vernunft besitzt, die (wenn wir auf sie hören) uns sagt, wie wir uns verhalten sollen. Die moralische Vernunft hilft uns, zu entscheiden, welches Handeln richtig und welches falsch ist!

Zum Beispiel:
Es ist falsch, anderen Lebewesen Schaden zuzufügen.
Man soll älteren Menschen über die Straße helfen.
Es ist richtig, zu arbeiten und seine Pflicht zu tun.

Fallen dir noch andere moralische Regeln ein?
Die Liste kann sehr lang werden. Wenn du schon mal ein

Was, wenn ich
auf eine Ameise
trete?

schlechtes Gewissen hattest, lag es vielleicht daran, dass du gegen eine dieser Regeln verstoßen hast. Es ist tatsächlich gar nicht so einfach, die moralischen Gesetze nicht zu brechen.

Alle, die jemals Hähnchen gegessen haben, zum Beispiel, haben ja gegen die Regel verstoßen, keinem anderen Lebewesen zu schaden.

Notlügen

Manche der moralischen Gesetze sind wie *Pflichten*. »Du sollst nicht lügen« ist ein solches Beispiel.

Wenn deine Mutter oder dein Vater dich mit strenger Miene fragen, was du neulich gemacht hast, ist es so etwas wie ein Muss für dich, die Wahrheit zu sagen. Man darf ja nicht lügen! Aber ganz so einfach ist es vielleicht nicht.

Manchmal ist es vielleicht okay, eine »Notlüge« zu gebrauchen. Möglicherweise hast du schon einmal geschwindelt, um einem Freund oder einer Freundin Kummer zu ersparen. Vielleicht hast du gehört, wie andere etwas Gemeines über deine Freundin sagten, und als deine Freundin dich gefragt hat, ob du weißt, was sie gesagt haben, hast du »Nein« geantwortet, weil du wusstest, dass die bösen Worte ihr wehtun würden.

51

Wir könnten ja wirklich nicht existieren, wenn wir nur die Wahrheit schreiben würden.

Sokrates fand es völlig in Ordnung, hin und wieder zu lügen, solange man es zu einem guten Zweck tut. Wenn Eltern beispielsweise ihrem kranken Kind die bittere Medizin mit den Worten »Mhm, das ist lecker« schmackhaft machen, dann ist das laut Sokrates eine erlaubte Lüge.

Bist du derselben Meinung wie Sokrates, dass es manchmal richtig sein kann, zu lügen?
Kann es sogar richtig sein, hin und wieder zu stehlen?

Ich bezahle später, wenn ich reich bin.

Darf Robin Hood stehlen?

Die Geschichten über Robin Hood zum Beispiel berichten von Situationen, in denen Stehlen verzeihlich ist, denn das Gestohlene wird den Armen gegeben. Wenn du ein armes Straßenkind wärst, würdest du vielleicht auch Lebensmittel stehlen, um den Tag zu überleben, und dein Handeln richtig finden.

Es ist schwer, zu einer klaren Antwort zu kommen. Vielleicht ist es so, dass Stehlen immer falsch ist, wir aber in manchen Fällen Verständnis dafür haben können, dass jemand stiehlt. Was meinst du?

Doch wenn wir moralische Gesetze in uns haben, wie kommt es dann, dass nicht alle Menschen sie befolgen? Jeden Tag gibt es ja Leute, die anderen wehtun, sie bestehlen und belügen.

Fällt dir eine Erklärung dafür ein?

Eine Erklärung wäre, dass diejenigen, die anderen schaden und sie bestehlen, einfach nicht besonders gut auf ihre moralische Vernunft hören.

Aber es gibt viele Philosophen, die überhaupt nicht daran glauben, dass wir Menschen moralische Gesetze in uns tragen, die allen gemeinsam sind. Eine Handlung, die du für dich richtig findest, findet ein anderer für sich vielleicht nicht richtig.

Deshalb hat der Staat Gesetze erlassen, um seine Einwohner davor zu schützen, ihr Leben, ihr Zuhause und ihren Besitz zu verlieren. Es gibt nämlich Philosophen, die behaupten, wenn wir keine staatlichen Gesetze hätten, die uns leiten, würden die Menschen einander bestehlen und umbringen.

Ich finde es völlig richtig, einen Dieb aufzuhängen.

Unterschiedliche Kulturen

Egal, was hier richtig ist, zumindest wissen wir, dass das, was in manchen Kulturen für richtig gehalten wird, in anderen Kulturen als merkwürdig und falsch gilt. In China essen die Leute Hühnerfüße und in den USA gibt es in manchen Staaten die Todesstrafe.

In unterschiedlichen Kulturen denken und verhalten sich die Menschen unterschiedlich. Es ist nicht so leicht, eine einzige richtige Antwort auf die Frage »Wie sollen wir leben?« zu geben. Und tatsächlich haben die Philosophen zu allen Zeiten diese Frage unterschiedlich beantwortet.

Aristoteles meinte, dass wir so gute persönliche Eigenschaften wie möglich entwickeln sollten. Denn nur dadurch, dass wir zum Beispiel Respekt vor uns selbst haben, unsere Gefühle kontrollieren können, in der Lage sind, großzügig, mutig, freundlich zu sein, und einen Sinn für Gerechtigkeit und Humor haben, können wir ein glückliches Leben führen.

Glaubst du, dass man gute persönliche Eigenschaften erlernen kann? Was soll man tun, um zum Beispiel mutiger zu werden?

Aristoteles meinte auch, dass *Wissen* wichtig für ein glückliches Leben ist; wir müssen lernen, forschen und die Wahrheit über die Welt erkennen, um wirklich glücklich zu sein. Weil Aristoteles der Meinung war, dass der Mensch andere Menschen braucht, sagte er auch, dass kein Glück möglich ist ohne

Glaubst du, dass man gute persönliche Eigenschaften erlernen kann?
Was soll man tun, um zum Beispiel mutiger zu werden?

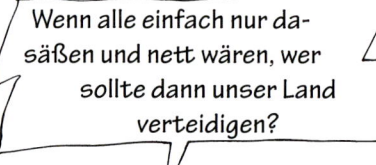

Familie und Freunde, aber auch nicht ohne Gesundheit und wirtschaftlichen Erfolg.

Was meinst du: Wie wichtig für das Glück sind solche Dinge?

Innere Moralgesetze

Erinnerst du dich an Immanuel Kant, der gesagt hat, dass der Mensch eine moralische Vernunft besitzt?

Kants Antwort auf die Frage, wie wir leben sollen, war: Wir alle sollten uns *stets so verhalten*, dass man unsere Handlungsweise zum Gesetz erheben könnte.

Er meinte also, wir sollten ein so gutes Vorbild sein, dass alle anderen in der Gesellschaft sich nach uns richten können. Wenn wir vor der Qual der Wahl stehen, zu lügen oder die Wahrheit zu sagen, dann sollen wir überlegen, welches Verhalten wir uns von anderen Leuten in derselben Situation wünschen würden, und uns dann danach richten.

Wenn wir aufmerksam auf die moralische Vernunft in uns hören, werden wir automatisch das Richtige tun!

Ein anderer Gedanke, der vielen Philosophen gefällt, ist der, dass wir uns auf eine Art verhalten, die dafür sorgt, dass das *Glück* in der Welt so groß wie möglich wird. Denk mal darüber nach! Wenn du dich so verhalten müsstest, dass du selbst und deine Familie und deine Freunde so glücklich wie möglich werden, was würdest du da tun?

Wie würdest du dich verhalten, wenn du auch an das Glück all deiner Mitmenschen und der Tiere und der Natur denkst?

Manche Menschen, die sich viele Gedanken über das Glück der Tiere machen, entscheiden sich, kein Fleisch zu essen. Aber die Natur kann doch gar kein Glück empfinden, sagst du jetzt vielleicht. Wahrscheinlich hast du recht.

Aber warum sollten die Bäume und die Pflanzen, die ja tatsächlich genau wie du und ich auch lebendige Wesen sind, nicht so lange leben dürfen, wie sie können, mit freiem Zugang zu frischem Wasser, Platz zum Wachsen und Nahrung im Erdboden?

Was kann man mit einer gedachten
Apfelsine nicht tun?

Das Bewusstsein ist in diesem Buch mehrmals erwähnt worden. Was ist das Bewusstsein? Das wollen wir uns jetzt näher ansehen und wir beginnen in der Vergangenheit.

Früher hat man sich das Bewusstsein oft als *Seele* vorgestellt. Das *Herausragende* und *Einzigartige* am Menschen ist, dass er eine spezielle Art von Seele hat, die ihn vom Tier unterscheidet.

Es könnte übrigens ganz spannend sein, ein bisschen über den Unterschied zwischen Menschen und (anderen) Tieren nachzudenken. Mach mal!

Fertig mit Nachdenken? Dann lass uns Aristoteles fragen. Er hatte eine Menge über den Menschen zu sagen.

Unter anderem sagte Aristoteles, dass der Mensch ein Tier ist, aber nicht ein Tier wie andere.

Der Mensch ist sehr speziell, er ist ein *vernünftiges* Tier. Aristoteles dachte sich, dass Menschen und Tiere bestimmte Gemeinsamkeiten haben.

Begreifst du nicht, dass es falsch ist, zu töten?

Was Mensch und Tier gemeinsam haben, ist die Verdauung, die dafür sorgt, dass wir wachsen können, und außerdem können sowohl Menschen als auch Tiere Sinneseindrücke aus der Umwelt wahrnehmen. Aber nur der Mensch ist mit einem entwickelten Bewusstsein ausgestattet, oder, wie Aristoteles gesagt hätte: Nur der Mensch hat eine *Vernunftseele*! Das macht den großen Unterschied zwischen Menschen und anderen Tieren aus.

Kann eine Kuh Philosoph werden?

Der Mensch denkt über das Leben und den Tod nach, plant für die Zukunft, beschäftigt sich mit Forschung und Wissenschaft, rechnet mathematisch, macht sich Gedanken über Richtig und Falsch in Moralfragen, schreibt Bücher, erschafft Kunst und Musik und programmiert Computerspiele.

Dass Tiere Gefühle haben, bestreitet heute niemand mehr, aber besitzen Tiere Vernunft? Überlegen Tiere auf eine Art, wie ich sie beschrieben habe? Denkt die Kuh darüber nach, ob es ein Leben nach dem Tod gibt oder was gute Kunst ausmacht?

Die meisten Leute würden diese Frage verneinen. Das Tier ist, im Unterschied zum Menschen, *in seiner Art festgelegt*. Eine Kuh kann nie etwas anderes als eine Kuh sein, sie kann nichts anderes als beispielsweise fressen, wiederkäuen und muhen. Wir können natürlich auch nie etwas anderes als Mensch sein, aber die Menschheit ist so *vielfältig*.

Viele Philosophen sind der Meinung, dass der Mensch von Natur aus *unendliche* Wahlmöglichkeiten hat. Wir können uns entwickeln und das werden, was wir wollen. Wir können Raumschiffe zum Mars schicken, wir können uns zu Philosophen und Ärzten und Politikern ausbilden und uns ein ganzes Leben lang mit spannenden Fragen beschäftigen.

Eine Kuh kann nicht Philosophie studieren oder Planeten entdecken. Eine Katze denkt vermutlich nicht darüber nach, ob es richtig oder falsch ist, eine Ratte zu fangen und zu töten. Sie tut es einfach, vielleicht aus purem Instinkt.

Damit will ich nicht schlecht über Kühe oder Katzen reden, sondern einfach zeigen, dass der Unterschied zwischen Mensch und Tier wirklich riesengroß ist! Selbst wenn Kühe und Katzen ein ganzes Jahr lang am Philosophieunterricht teilnähmen, würden sie anschließend nicht mehr von Philosophie verstehen als vorher. Aber du hast, wenn du dieses Buch liest, schon eine ganze Menge gelernt.

Der grenzenlose Mensch

Wir Menschen können das tun, was wir wollen, für uns gibt es keine – oder nur sehr wenige – Grenzen. Ein Philosoph namens Jean-Paul Sartre hat das so formuliert: »Die Existenz geht der Essenz voraus«. Das heißt, wenn der Mensch geboren wird, existiert er, aber erst im Lauf der Zeit, wenn wir unsere Entscheidungen im Leben treffen, bekommen wir unsere Essenz, das, was uns einzigartig macht.

Sartre

Die Gesellschaft ist schuld, dass ich kriminell geworden bin.

Musst du die ganze Zeit reden?

Ich kann nichts dafür! Das kommt einfach von allein!

Wir haben immer eine Wahl, auch wenn es uns nicht so scheint. Wenn du dich mit einem Philosophen unterhältst, kannst du dich nie damit herausreden, dass du »nun einmal so bist«.

Der »echte« Mensch erkennt, dass er immer die Verantwortung für das trägt, was er tut, und dass er, indem er sich seinen Lebensweg selbst aussucht, sich zu der Person entwickeln kann, die er sein will.

Ich finde, das ist ein wunderbarer Gedanke! Vielleicht sind wir alle von Grund auf frei, aber die Freiheit und die Wahlmöglichkeit sind in der Gesellschaft nicht allen Menschen gleichermaßen leicht zugänglich.

Hast du zum Beispiel gemerkt, dass in diesem Buch überwiegend von Männern die Rede ist? Warum ist das so? Im ersten Kapitel habe ich gesagt, dass sich *heute* sowohl Männer als auch Frauen mit Philosophie beschäftigen. Warum war das nicht immer so? Eine Antwort darauf ist, dass Frauen in früheren Zeiten einfach nicht dieselben Ausbildungsmöglichkeiten hatten wie Männer. Für Frauen waren die Freiheit und die Möglichkeit, sich zu entwickeln, begrenzt.

Das hätte Platon sicher traurig gemacht. Du erinnerst dich vielleicht, dass er die Idee hatte, der Staat sollte von einem Philosophen gelenkt werden. Für Platon war es selbstverständlich, dass Frauen und Männer gleichermaßen gute Philosophen sind. Wenn es nach Platon gegangen wäre, hätten alle Frauen und Männer in der gesamten Weltgeschichte dasselbe Recht gehabt, zu lernen und sich auszubilden und ihren Berufsweg selbst auszusuchen. Mary Wollstonecraft und Simone de Beauvoir legten großen Wert auf Bildung, und sie haben dafür gekämpft, dass Frauen dieselben Möglichkeiten in der Gesellschaft bekommen wie Männer. Heutzutage sind Frauen und Männer auf den meisten Gebieten gleichgestellt. Für diese Freiheit haben viele Menschen lange Zeit hart gekämpft.

Das menschliche Bewusstsein

In der modernen Philosophie und den modernen Wissenschaften spricht man nicht mehr von *Seele*, wenn es um das Bewusstsein geht. Stattdessen beschreibt man das Bewusstsein für gewöhnlich dadurch, dass man aufzählt, worin es besteht.

An erster Stelle gehören die *Sinneseindrücke* dazu: Sehen, Hören, Schmecken, Riechen und Fühlen. Wir haben auch Erlebnisse, die mit den Sinneseindrücken verwandt sind: Träume, Fantasien und Halluzinationen. *Empfindungen* wie Schmerz, Kitzel, Schauder sind uns auch wohlbekannt und ebenso *Gefühle* wie Freude, Angst, Neid, Zorn, Trauer, Glück.

Dann besitzen wir natürlich noch das *Denken*; etwas glauben, etwas wünschen, etwas wissen, etwas verstehen, sich etwas ausdenken, etwas planen, etwas wollen und etwas abwägen, all das ist typisch für das denkende Bewusstsein.

Was kann man mit einer gedachten Apfelsine nicht tun?

Eine merkwürdige Frage, denkst du vielleicht. Man könnte den Eindruck haben, Philosophie sei schwer, aber ich will mit diesem Buch zeigen, dass Philosophie nicht nur merkwürdig und schwer ist, sondern etwas Anwendbares, und dass philosophisches Denken dir in deinem Leben tatsächlich nützen kann. In diesem Buch hast du beispielsweise gelernt, dass es völlig in Ordnung ist, Fragen zu stellen und immer weiter zu fragen, bis du eine stichhaltige Antwort bekommst.

Du bist besser darin geworden, Wissen und behauptetes Wissen zu bewerten, indem du nach guten Gründen für das suchst, was du glaubst.

Du hast entdeckt und dir bewusst gemacht, dass Sprache oft mehrdeutig und vage ist und dass man sprachliche Unklarheiten durch Begriffsanalyse beseitigen kann.

Du hast begonnen, über die Moral des Menschen nachzudenken.

Du hast gelernt, dass wir unendlich viele Wahlmöglichkeiten haben. Mit der Zeit kannst du ein eigenes kritisches und philosophisches Denken entwickeln und das Risiko, getäuscht zu werden, verringern.

Das sind einige der Vorteile, die du durch das Lesen dieses Buches hast. Trotzdem ist die Philosophie knifflig und teilweise schwer (aber das macht Philosophie natürlich auch besonders unterhaltsam), und unsere letzte Frage, »Was kann man mit einer gedachten Apfelsine nicht tun?«, ist ein Beispiel dafür.

Nehmen wir uns nun diese Frage einmal vor! Hol Stift und Papier, überlege eine Weile und schreibe dann deine Antwort auf.

Zu welchem Ergebnis bist du gekommen? Deine Liste sieht vermutlich ungefähr so aus:

Man kann sie nicht schälen,
nicht schmecken,
nicht spüren, wie saftig sie ist,
nicht damit Ball spielen …

Natürlich kannst du damit »Ball spielen«, aber nur in der Fantasie. Der Punkt ist, dass du die gedachte Apfelsine nicht aus dem Kopf nehmen und all diese Sachen wirklich damit machen kannst.

Wo ist die Apfelsine?

Der Gedanke an die Apfelsine hat keine »Ausdehnung«, würden Philosophen sagen. Er wiegt nichts, kann nicht gemessen werden, er besteht aus nichts als vielleicht einer Art seelischer Substanz oder Nervenzellen.

Du kannst vermutlich auch nicht sagen, *wo genau* dein Gedanke sich befindet. Wir fühlen wohl alle, dass der Gedanke »im Kopf« ist. Aber wo dort? Gleich hinter dem rechten Ohr? Mitten im Kopf?

Das Lustige ist, dass der Gedanke nicht auf eine so selbstverständliche Art »im Kopf« ist wie etwa ein Stift in der Federtasche. Wenn wir mithilfe der neuesten Technik in deinen Kopf schauen würden, während du dasitzt und an die Apfelsine denkst, dann würden wir den Gedanken dort nicht finden.

In deinem Kopf ist dein Gehirn, eine riesige Menge von Gehirnzellen, aber weit und breit keine Apfelsine!

Wie kann das sein?

Auf diese Frage zog unser alter Freund, der berühmte französische Philosoph Descartes, die Antwort vor, dass Gedanken nicht materiell sind. Sie existieren ganz einfach nicht auf dieselbe Art in der Welt wie Gehirne, Stühle, Berge und Seen. Ein Stuhl ist ein fassbarer Gegenstand. Wir können ihn auseinandernehmen und wir können darauf sitzen. Aber den Gedanken an einen Stuhl können wir nicht aus dem Kopf nehmen und auseinanderbauen oder uns draufsetzen.

Doch das Gehirn ist, wie gesagt, ein Gegenstand. Es ist im Kopf drin.

Wir wissen, *dass* das Gehirn und das Bewusstsein auf bestimmte Art zusammenhängen, weil Schäden am Gehirn die Funktionen des Bewusstseins beeinflussen (im Kapitel über Wissen habe ich erzählt, dass man beispielsweise Probleme mit dem Zeitbewusstsein bekommen kann). Aber wir wissen nicht genau, *wie* die beiden zusammenhängen.

Ein Vorschlag zur Lösung wäre, dass die Aktivität der Gehirnzellen der *Ursprung* des Apfelsinen-Gedankens ist.

Eine andere Idee ist, dass der Apfelsinen-Gedanke *dasselbe* ist wie die Aktivität einer Gruppe von Nervenzellen. Das hört sich zuerst vielleicht vernünftig an, aber wenn man eine Weile darüber nachdenkt, wird man sich unweigerlich fragen, wie ein Gedanke dasselbe sein kann wie die Aktivität einer Gruppe von Hirnzellen.

Die Gedanken ans Elternhaus, was man gestern zu Mittag gegessen hat, wie Erdbeeren schmecken, ob der Mensch jemals Häuser auf dem Mond bauen wird, ob alle Schwäne weiß sind und so weiter – diese Gedanken haben ja ihren speziellen Charakter. Hirnzellen und ihre Aktivität scheinen etwas ganz Verschiedenes zu sein.

Gehirn + Bewusstsein = ?

Probleme sind dazu da, dass man sie löst, und heute arbeiten viele Philosophen und andere Wissenschaftler daran, zu verstehen, wie Gehirn und Bewusstsein zusammenhängen. Vielleicht wirst du in Zukunft einer von ihnen sein?

Es ist nie zu spät (oder zu früh), Philosoph zu werden. Die Liebe zur Weisheit kann sehr stark werden. Wenn man erst einmal mit dem Denken angefangen hat, sehnt man sich danach, mehr zu wissen, den Dingen auf den Grund zu gehen. Die Philosophie kann weiterentwickelt und vertieft werden. Man kann die philosophischen Fragen neu formulieren, die Gedanken können klarer werden, die Argumente besser und der Verstand schärfer.

Erinnerst du dich übrigens noch an die Fragen am Anfang des Buches? Einige habe ich beantwortet, aber nicht alle. Also fang an, überlege und experimentiere.

Denk selbst!

Staunen und Neugier bringen dich weiter!